AF542392

LE MANAGEMENT LIBÉRÉ

LE MANAGEMENT LIBÉRÉ

Sortir d'un management hiérarchique et démotivant, pour atteindre la performance économique optimale par la liberté et l'autonomie

Marc Dorel

ISBN : 978-2-37011-513-3
Éditions Hélène Jacob – 13 Impasse Victor Gesta – 31200 Toulouse
Imprimé par Ingram
9,45 €
Dépôt Légal Mars 2014

Design couverture : Jérémy Calli

Préface

L'empowerment est le processus par lequel les individus ont la maîtrise des événements qui les concernent. Il comprend les notions d'autonomie, de responsabilisation, d'émancipation, de capacité, de compétence et celle du développement du pouvoir d'agir.

Il est un concept clé dans la notion d'entreprise libérée, qui elle-même se définit comme une entité où les acteurs gagnent en liberté, et où le pouvoir hiérarchique diminue progressivement (sans toutefois disparaître !).

En clair, l'idée centrale consiste à croire que chaque individu peut avoir son destin en main, qu'il peut prendre ses propres décisions, et qu'il choisira ce qu'il y a de mieux pour son entreprise, car c'est ce qu'il y aura de mieux pour lui-même.

Cette théorie est atteignable et n'est pas une utopie. Elle impactera de manière forte tous les acteurs de votre entreprise, et de manière stupéfiante vos indicateurs de performance. Elle permettra au manager de se libérer du temps et d'accorder davantage de responsabilités aux opérationnels (production comme fonctions support).

J'utiliserai de nombreux cas d'entreprises et différents exemples pour illustrer mes propos et vous aider à mieux comprendre ce type d'organisation, comme les chimpanzés Anubis, la métaphore de la prostituée, ou encore la motivation extrinsèque des joueurs de football. Je vous inviterai également à inventer un nouveau type de management grâce à la pertinence des questions d'un enfant de 3 ans.

Vous découvrirez pourquoi tout ceci est très excitant, et vous comprendrez comment le management du XXIe siècle pourra être mis en œuvre dans votre entreprise.

Introduction

Nous sommes aujourd'hui dans une société « malade » : seulement 9 % des salariés français déclarent être motivés.[1] C'est pourquoi, malgré notre passage au XXIe siècle, le management semble, lui, être resté au siècle dernier, avec un mode organisationnel que l'on pourrait qualifier de « dépassé ». Or, la motivation des collaborateurs découle des modes d'organisation et de management.

Le management du XXIe siècle donnera les outils et les conditions nécessaires aux employés de pouvoir exercer leur travail avec une plus grande indépendance, ce qui implique aussi qu'ils devront rendre des comptes quant à leurs actions et décisions. Nous sortirons alors d'un système où le supérieur indique comment faire son travail au salarié, pour aller vers un système où le salarié indique pourquoi il agit de la sorte au manager. L'Homme en entreprise est adulte responsable : il sait comment il doit agir pour effectuer son travail de la meilleure manière possible. C'est ainsi au manager de lui donner les conditions de travail requises pour faire le meilleur travail possible.

En changeant son mode opératoire, une organisation peut gagner beaucoup en efficacité, en productivité et donc en croissance.

---

[1] Gallup, « State of the Global Workplace ».

Elle peut permettre à ses employés d'être plus créatifs, et ainsi de stimuler la croissance future par l'innovation. Elle réduira, de la même manière, les coûts indirects liés à son précédent mode d'organisation que sont le stress, le turn-over, la faible motivation, ainsi que les nombreux arrêts maladie.

Pour devenir une entreprise libérée et profiter de ses multiples bénéfices, il suffit aux managers de croire en leurs salariés, et de leur offrir un environnement qui les laissera s'exprimer. Toutefois, transformer une entreprise d'un mode « comment » à un mode « pourquoi » ne se fait pas du jour au lendemain, car de nombreuses résistances surviendront. Les managers auront l'impression de perdre leur pouvoir face aux salariés, tous les acteurs de l'entreprise seront en proie aux doutes et aux interrogations. Mais, la chance de voir la société se développer, de voir ses employés motivés, créatifs, innovants, tout en réduisant la lourdeur de l'entreprise, n'en vaut-elle pas la peine ? L'empowerment et l'entreprise libérée, au-delà de l'aspect économique indispensable au changement pour un manager rationnel, permettent de créer des lieux de travail et de vie uniques où les salariés sont épanouis.

Il est désormais temps, au XXIe siècle, de mettre en place un management qui comprenne les besoins des Hommes dans leur travail.

Constat

Les succès acquis par le taylorisme au début du XXe siècle ont longtemps laissé croire que les gains de productivité supérieurs pouvaient être obtenus grâce à une forte pression verticale du top-management sur le reste de l'organisation. En rationalisant l'organisation jusqu'à atteindre l'idéal militaire ou bureaucratique, toute une tradition a considéré par la suite qu'une organisation hiérarchique est sans doute le système d'organisation le plus efficace (du Gay, 2000).[2]

On ne peut qu'admettre le bienfait des systèmes hiérarchiques pour notre société moderne : elles ont permis d'atteindre le niveau de vie que l'on connaît actuellement, de professionnaliser des secteurs entiers et de forcer les entreprises, ou du moins le top-management, à se remettre en cause régulièrement pour permettre l'amélioration des processus.

L'histoire du Fordisme à travers la Ford T est un cas de rationalisation du processus très célèbre, la citation d'Henry Ford « Les gens peuvent choisir n'importe quelle couleur pour la Ford T, du moment que c'est noir » (1922) témoignant de la standardisation à l'extrême des processus, toujours parfaitement identiques du point de vue de l'ouvrier.

---

[2] Du Gay P. (2000), *In Praise of Bureaucracy*, London : SAGE Publications LTD.

Cela a permis à une partie de la classe moyenne américaine de s'offrir le luxe de posséder une voiture, mais à quel prix... Des générations de travailleurs ont été aliénées dans les usines de Ford : les ouvriers n'ayant aucune liberté, ils étaient très difficiles à motiver et refusaient les changements ; cela a conduit, à terme, à de grosses difficultés pour Ford.

William L. Mc Knight, P.-D.G. de 3M, déclare : « Si vous mettez des barrières autour de vos employés, vous obtiendrez des moutons. Donnez-leur l'espace dont ils ont besoin » (1924)[3]. Cette métaphore champêtre indique que les personnes réagissent à leur environnement et adoptent des positions plus ou moins défensives en fonction de celui-ci. C'est pourquoi les salariés étaient très méfiants vis-à-vis de Ford. Pour preuve, cette société connaissait un taux de rotation de 370 % en 1913. Imaginez que cette année-là, en moyenne, chaque poste de travail a vu défiler 3,7 salariés différents, ce qui a dû représenter un joli casse-tête pour la gestion des ressources humaines de l'époque. Durant les années suivantes, même avec des améliorations managériales, le taux de rotation restait en moyenne de 35 %.[4]

Une des raisons expliquant un taux de rotation si élevé est le style managérial, mais aussi la pensée profonde des managers selon laquelle l'homme ne veut pas apprendre ni travailler trop.

À partir de ce constat, on comprend pourquoi il faudrait le contrôler et lui dire ce qu'il doit faire.

---

[3] Carney B. M., Getz I. (2009), *Liberté & Cie*, Paris : Fayard, xi p.
[4] Boyer P., Orléan A. (1991), « Les transformations des conventions salariales entre théorie et histoire : d'Henry Ford au fordisme », *Revue économique*, volume 42, numéro 2, 251 p.

Il semblerait donc normal de mettre en place un système hiérarchique.

L'entreprise de demain pourrait être comparée à un orchestre, car ce dernier est à l'opposé du système hiérarchique. Comment peut-on avoir une organisation avec un seul leader pour 120 personnes ? C'est parce que les Hommes sont disciplinés, font preuve d'une prise d'initiative et surtout, car ils aiment ce qu'ils font. Cela nous donne la preuve que 120 personnes peuvent être dirigées par une seule, à l'inverse des entreprises classiques dans lesquelles le ratio est de 5 managers pour 15 employés. Le fait que tout le monde travaille dans la même direction et souhaite atteindre le même but réduit donc drastiquement le besoin de contrôle.

1 – Théorie X versus théorie Y

Pourquoi pense-t-on que les salariés travaillent avec comme seul objectif de finir au plus tôt leur journée, plutôt que pour faire des produits de bonne qualité ? Pourquoi instaurer des règles, de la hiérarchie, des contrôles ? Gordon Forward, P.-D.G. de Chaparral Steel, appelle ceci « diriger pour les trois pour cent »[5] (2009). Il entend derrière cette phrase que la plupart des managers prennent des décisions pour restreindre les libertés de l'ensemble des salariés, en tenant compte des actes de seulement trois pour cent d'entre eux.

Prenons l'exemple d'une secrétaire qui se serait servie dans les fournitures de bureau afin de rapporter des cahiers, papiers et stylos chez elle pour ses enfants. Le manager va juger nécessaire de mettre en place plus de règles, et donc de verrouiller l'accès aux fournitures, ou encore de nommer une personne en charge de leur distribution. Gérer cet accès va entraîner des coûts et une bureaucratie plus importante que dans la situation où seulement trois pour cent des salariés se serviraient occasionnellement dans les fournitures.

On peut dans un second temps ajouter que le fait de prendre de telles mesures traduit l'idée que le manager n'a aucune confiance envers ses salariés.

---

[5] Carney B. M., Getz I. (2009), *Freedom Inc*, New York : Crown Business, 32 p.

Il préfère restreindre leurs libertés plutôt que de leur faire confiance. La motivation de ses salariés en sera donc diminuée au fur et à mesure que les contrôles se renforceront. Cela s'apparente à un cercle vicieux, avec un manager qui se persuade de la légitimité de son action.

Ces dires confortent la Théorie X de Douglas McGregor (2000). Cette théorie traduit la pensée profonde des managers[6], qui serait la même pour tous les Hommes, bien que l'on différencie souvent les fonctions support de la production :

– Les Hommes n'aiment pas leur travail,

– Ne fournissent l'effort attendu que sous la contrainte ou pour de l'argent,

– Préfèrent être dirigés et fuient les responsabilités,

– Sont motivés s'ils ont peur pour leur sécurité,

– Manquent de créativité, sauf pour contourner les règlements.

Il est certain que dans cette optique les managers seront autocrates ; il semble donc normal d'instaurer une forte hiérarchie et de nombreux contrôles. Néanmoins, tous les individus en entreprise sont des adultes. Hors de l'entreprise, ils prennent des décisions qui les concernent jour après jour, ils savent établir un budget afin de décider s'ils peuvent se permettre d'acheter une nouvelle voiture ou non, et savent peser le pour et le contre. Il y a un décalage entre ce que les gens sont et ce que les managers pensent d'eux.

McGregor, ayant déjà perçu cela en 1960, a imaginé un environnement où les salariés pourraient se sentir à l'aise et atteindre leur potentiel : la Théorie Y, opposée de la Théorie X.

---

[6] McGregor D. (2000), *Revisited: Managing the Human Side of the Enterprise,* Hoboken : Wiley.

– Le travail est nécessaire pour le développement des gens,

– Les personnes peuvent atteindre un objectif qu'ils ont accepté,

– Ils peuvent s'intéresser à leur travail et l'aimer,

– Ils peuvent rechercher les responsabilités et les accepter,

– Ils peuvent être motivés par le désir de réaliser leur potentiel,

– Il vaut mieux laisser les gens s'auto-discipliner.

Ces conditions ont été le terreau de certaines entreprises, qui sont aujourd'hui devenues des modèles en termes de liberté en entreprise : FAVI ; Harley-Davidson ; Sun Hydraulics ; Semco ; Gore ; Google ; 3M…

Dans ces entreprises, on a fait confiance aux salariés pour s'autogérer en enlevant des niveaux de hiérarchie ; on a également supprimé les règlements d'entreprise et les manuels de procédures trop volumineux, la conséquence de ces différents manuels et procédures étant d'ajouter de la complexité au travail des opérationnels, et donc de les dévier des objectifs de l'entreprise. Les salariés ont été embauchés, à l'origine, pour leurs compétences et doivent donc avoir la capacité de maîtriser les tâches qui concernent leur travail. Le fait d'écrire un processus sur papier gèle les possibilités d'amélioration de la part des salariés et leur montre qu'ils n'ont que peu de contrôle sur leur travail. Cela ajoute également de la bureaucratie et du stress pour les salariés qui ne respecteraient pas le sacro-saint processus. En outre, on peut dire que ces manuels servent uniquement à renforcer le niveau de confiance des cadres qui ont l'impression d'avoir le contrôle de la situation, ce qui peut être source de démotivation pour les salariés.

2 – Entreprise « pourquoi » versus Entreprise « comment »

De nos jours, la théorie X est le courant de pensée majoritaire, bien que l'on commence à se rendre compte de ses limites. Cela est remarquable chez les jeunes qui intègrent le monde de l'entreprise, et traduit le fossé générationnel qui existe entre les baby-boomers et les enfants de la génération Y. Les premiers ont connu les années fastes d'excès liés aux années 80, et ont grandi dans des entreprises qui ne connaissaient pas la crise. Les jeunes sont face à un marché de l'emploi tendu qui, pourtant, aurait bien besoin d'eux, de leur capacité de remise en cause et de leur questionnement ; c'est ainsi qu'ils sont appelés la génération Y, « why » ou « pourquoi » : ils remettent tout en cause. Les baby-boomers, de leur côté, veulent continuer à gérer l'entreprise comme ils l'ont toujours fait, et sont comme toute personne au pouvoir : conservateurs.

On peut ainsi associer le style managérial des baby-boomers à l'entreprise « comment ». Les managers dans ces entreprises conservatrices ont une hiérarchie très claire et très puissante. Il faut, dans ces sociétés, répondre de tous ses faits et gestes : on contrôle l'heure de départ et d'arrivée ; on sanctionne lorsque quelque chose ne correspond pas aux standards ; le chef doit être à l'origine de toute idée nouvelle ; peu de personnes sont motivées ; l'innovation ne peut se développer ; la vie dans l'entreprise est faite de procédures et le niveau de bureaucratisation est très élevé… Le manager indique toujours à l'employé comment faire son travail, bien que celui-ci soit payé pour faire de son mieux. Même si elles sont toutes différentes, ces entreprises « comment » rencontrent souvent des problèmes similaires.

L'idée derrière l'entreprise « pourquoi » est de se mettre dans la peau d'un enfant de 3 ans qui découvrirait l'entreprise et déciderait de se mettre à questionner, questionner et questionner !

En remettant en cause chaque chose établie dans l'entreprise, on supprime progressivement tous les problèmes de cette ancienne hiérarchie. On peut ainsi libérer le véritable potentiel de développement de l'entreprise.

3 – Signaux faibles

Le principal problème dans l'entreprise « comment » réside dans sa hiérarchie, qui peut aller jusqu'à une quinzaine d'échelons dans les grands groupes. Cela pose de véritables questions de communication, étant donné que le simple employé, à la base du système, ne parviendra jamais à se faire entendre par le top-management.

On peut pourtant récolter des informations vitales grâce aux employés qui sont en première ligne, faut-il encore savoir les écouter. Ils émettent ce qu'on peut appeler des « signaux faibles ».[7] Le signal faible contient des informations importantes, voire vitales pour l'avenir, mais qui n'impactera pas l'entreprise immédiatement. Ces informations ne remontent jamais jusqu'en haut de la hiérarchie à cause du nombre important d'échelons à gravir.

En 1986, une équipe d'ingénieurs de la Nasa travaillait sur le propulseur du réservoir externe de la navette Challenger. Ceux-ci savaient qu'il y avait un problème et avaient exprimé leurs craintes à ce propos. Nul ne les écouta, jusqu'au jour où le signal devint évident, car il y eut un dramatique accident provoquant la mort des sept membres de l'équipage.[8]

Heureusement, tous les signaux faibles n'entraînent pas de conséquences aussi dramatiques.

---

[7] Cahen P. (2010), *Signaux faibles, mode d'emploi,* Paris : Eyrolles.
[8] Forrest J. (1986), « The Space Shuttle Challenger Disaster ».

Néanmoins, la plupart de ceux-ci sont des signaux que les managers pourraient prendre en compte pour décider de l'avenir de l'entreprise. La prise en compte de ces signaux permet des modifications stratégiques et peut empêcher le lancement d'un mauvais produit, ou encore d'être plus efficace sur un marché.

Jean-François Zobrist, P.-D.G. de l'entreprise FAVI, leader mondial en fonderie sous pression d'alliages cuivreux,[9] a pris la direction de la société en 1971. À cette époque, de très nombreux indicateurs étaient dans le rouge, car l'entreprise subissait la concurrence des pays émergents, et les signaux faibles n'étaient plus écoutés depuis longtemps.

Il a depuis développé une organisation qui permet d'exporter des pièces jusqu'en Chine. Or, cette entreprise est bien française et fabrique tous ses produits à Hallencourt en Picardie ! En arrivant dans l'entreprise, Zobrist a supprimé les horloges et les heures supplémentaires pour « fabriquer des produits et non des heures ». Il a transformé le mode de pensée, de « comment » il faut faire le travail en « pourquoi » vous faites ce que vous faites. Nous verrons dans le chapitre 7 de quelle manière il s'y est pris pour transformer l'entreprise.

L'idée dans l'entreprise « comment » était d'organiser le travail des salariés, ce qui impliquait une chaîne de commandement très longue et une absence de flexibilité : dès que l'on souhaitait déplacer une machine, modifier un processus ou faire quelque chose qui n'était pas dans les habitudes de travail, il fallait se heurter à la hiérarchie, ce qui

[9] Favi, *Page d'accueil Favi : Leader mondial en fonderie sous pression d'alliages cuivreux* [en ligne] (pour le détail de toutes les références disponibles en ligne sur Internet, voir bibliographie).

aboutissait 9 fois sur 10 à une absence de résultat, et démotivait la moindre initiative salariale.

En revanche, dans une entreprise où on se demande pourquoi on travaille, on en conclut que c'est pour rendre le client satisfait. Ainsi, on ne se préoccupe plus de toutes les réglementations, ni du comment s'effectuent les processus, mais on transmet à tous les salariés l'envie et la possibilité d'atteindre les objectifs.

Chez FAVI, cette stratégie a mené à une réduction des coûts de 3 % par an en moyenne. L'entreprise n'a jamais connu de retard de livraison et elle détient désormais 50 % des parts de marché pour les boîtes de vitesses construites en Europe. Aujourd'hui, son objectif est d'acquérir 80 % de parts de marché.

Il est intéressant de souligner que cette entreprise exporte même en Chine, où se trouve l'essentiel de ses concurrents.[10]

---

[10] Carney B. M., Getz I. (2009), *Freedom Inc*, New York : Crown Business, 24 – 28 p.

4 – Mode d'organisation en cercles concentriques

Lorsque Ricardo Semler est devenu P.-D.G. de Semco au Brésil en 1980, il n'avait que 21 ans. Il a transformé un système très hiérarchisé de 450 employés et réalisant 35 millions de dollars de chiffre d'affaires – dirigé par son père pendant près de 20 ans –, en un modèle d'entreprise démocratique de 3 000 employés, 100 millions de dollars de chiffre d'affaires, qui est admiré par les managers du monde entier.

Comparons le cycle de vie d'une entreprise à celui d'un produit.

Celui-ci a 4 phases majeures : lancement, développement, maturité et déclin. Lors de la phase de lancement et de croissance, l'entreprise est très libre et connaît un développement rapide.[11]

À un certain stade de développement – la maturité –, le manager sentant qu'il ne contrôle plus l'ensemble de son entreprise entre dans une « phase bureaucratique » ou « phase d'adolescence » : il s'agit du moment où une entreprise qui s'est développée « commence à souffrir » de sa trop forte croissance et ressent le besoin de reprendre le contrôle.

---

[11] Kotler P., Keller K. L. (2005), *Marketing Management (12th Ed.)*, Upper sadle River : Prentice Hall.

Semler, en prenant la succession de son père, a considéré être dans la phase bureaucratique.

Constatant les problèmes liés à une trop forte présence de la hiérarchie, il a décidé de réorganiser l'entreprise en trois niveaux de management, supprimant les autres et ne conservant que quatre titres :

– Les conseillers, soit le top-management : P.-D.G., vice-président et chefs de départements.

– Les partenaires, soit le middle-management : les chefs des unités de production.

– Les coordinateurs pour les postes de support : marketing, ventes, RH, contremaîtres…

– Les associés : ouvriers, secrétaires, vigiles…

Les conseillers stimulent les partenaires. Les coordinateurs aident, chacun dans leur domaine, les différentes unités d'associés qui sont composées de 5 à 20 personnes.

Les associés déterminent ce sur quoi ils se sentent capables de décider, et s'ils sont incertains, ils demandent conseil aux coordinateurs.

De même, chaque coordinateur ne soulève ses doutes que lors d'un meeting hebdomadaire, avec les partenaires de chaque unité.

Une fois cette réunion tenue, les coordinateurs informent les associés de ce qui s'est dit.

Pour les décisions importantes, concernant de lourds investissements, une réunion est tenue avec les conseillers et des représentants de chaque unité d'associés, lesquels ne sont pas nécessairement les partenaires.

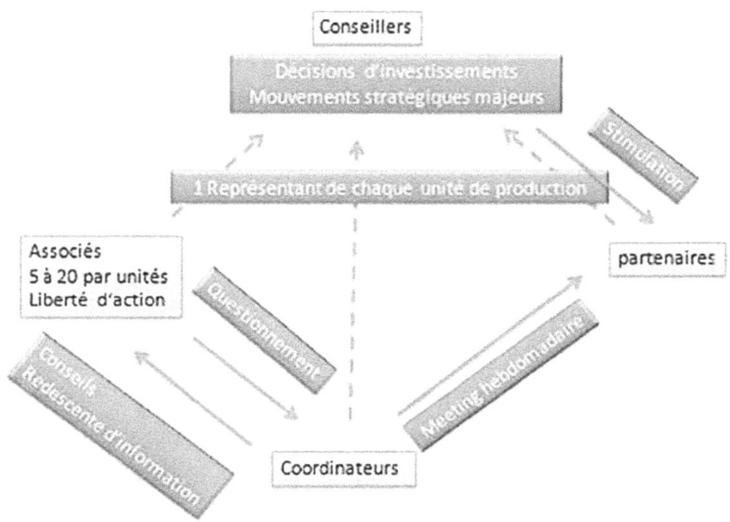

Semco est ainsi organisé : 3 niveaux de hiérarchie, 4 types de postes et 2 réunions hebdomadaires.[12] L'entreprise est donc très réactive et peut s'adapter très facilement à toute décision. Ce mode organisationnel peut être appelé « hiérarchie plate » ou « pyramide ronde ».

Une telle organisation a forcément impliqué une réorganisation des équipes : celles-ci ont été construites par produit, par machine et par marché. Tous les moyens pouvant générer des équipes à taille humaine ont été recherchés.

Un des critères retenus a été de ne jamais avoir d'unités supérieures à 150 individus, avec des groupes composés de 5 à 10 personnes, pour que chacun se sente important dans la prise de décision. Chaque unité et chaque groupe disposent d'une liberté d'action accrue. Par exemple, leurs membres fixent eux-mêmes les budgets, par groupe de 6 à 10 personnes,

---

[12] Semler R. (1993), *Maverick!*, London : Warner Bros Books.

car ce sont les opérationnels qui ont le plus de visibilité sur ce qui va se produire durant les mois à venir. Ils sont tout de même assistés par un membre du département finance, qui les guide et les conseille.

Le fait de réorganiser les unités en les transformant en groupes à taille plus humaine, où les hommes sont capables de prendre de véritables décisions agissant sur leur quotidien et sur leur activité, fournit aux salariés une véritable motivation supplémentaire pour bien travailler.

De plus, ils sont éduqués par les coordinateurs et des cours du soir sont dispensés pour permettre au personnel d'acquérir des compétences supplémentaires. Ils participent volontiers à ces programmes, car ils savent que si leur équipe a de meilleurs résultats grâce leur implication, alors ils auront de meilleurs salaires.

Ce système fonctionne autour d'un triptyque simple : liberté, éducation et partage des bénéfices. La liberté leur permet de prendre les décisions qu'ils souhaitent, l'éducation leur permet de prendre les bonnes décisions, et le partage des bénéfices leur permet d'avoir une motivation pour qu'ils s'impliquent dans la matrice.[13] Le partage des bénéfices représente 23 % de ceux-ci : ils sont répartis entre l'ensemble des salariés, de manière égale, tous les 6 mois (ce qui représente la durée sur laquelle ils calculent leur budget).

---

[13] Semler R. (octobre 1989), « Managing without Managers », In Harvard University, *Harvard Business Review*, no: 89509-PDF-ENG [en ligne].

5 – Motivation intrinsèque et extrinsèque

La théorie de la motivation présentée par Richard Deci[14], en 1975, différencie la motivation extrinsèque, qui provient d'une cause extérieure à l'individu (récompenses, bonus, pression…), de la motivation intrinsèque, qui est propre à l'individu. Sa motivation est donc guidée par son propre intérêt, et le plaisir qu'il a d'exercer cette activité.

Deci a mené une expérience auprès d'enfants jouant au football. Il leur a annoncé qu'il appréciait de les regarder jouer et que, à chaque fois qu'ils viendraient, il les paierait. Le premier jour, il leur donna 1 dollar chacun. Le lendemain, ils revinrent, mais il ne leur donna plus que 50 centimes ; les enfants furent peu enthousiastes devant cette réduction de salaire, mais ils prirent tout de même l'argent. Deux jours plus tard, Deci leur proposa 1 centime, ce que les enfants refusèrent, déclarant « On ne va pas jouer pour un pauvre centime », et ils ne revinrent plus jamais jouer.

Cette expérience est très révélatrice, car Deci a proposé une récompense pour une activité que les enfants apprécient énormément ; ils ont alors créé un lien entre l'activité et la récompense.

---

[14] Deci E. L. (1975), *Intrinsic motivation (Perspectives in Social Psychology, Vol. 1)*, New York : Plenum Publishing Co.

C'est ainsi que ce lien a finalement remplacé, dans la tête des enfants, la motivation initiale pour jouer au football. Sans remettre en cause le fait de rémunérer les salariés, qui ont des besoins vitaux et ont nécessairement besoin de salaire, il s'agit avec cet exemple de plutôt remettre en cause les rémunérations variables, qui sont une source de stress plus que de motivation. Nous verrons au chapitre 15 comment optimiser les primes.

On peut se demander en quoi il serait intéressant de cultiver les motivations intrinsèques chez les salariés, alors que le système actuel semble fonctionner.

D'après ce graphique issu de Gallup, observatoire américain publiant des données relatives à la motivation des salariés, le niveau d'engagement des employés américains est très faible.

Seuls 30 % des salariés d'une entreprise sont « engaged » soit motivés ; 52 % sont démotivés et 18 % sont activement démotivés.[15] Selon la même étude, 9 % seulement des Français sont motivés…

	ENGAGED	NOT ENGAGED	ACTIVELY DISENGAGED
United States	30%	52%	18%

For results listed in this table, the margin of sampling error ranges from ±<1 to ±3 percentage points. See the appendix for a full listing of margin-of-error estimates by country.

On peut ainsi imaginer que seuls le top-management et quelques salariés sont motivés, et que la grande majorité des personnes suivront les décisions des managers, convaincues qu'elles n'ont aucun pouvoir.

[15] Gallup, « State of the Global Workplace », In *Gallup* [en ligne].

Elles ne feront que le strict minimum tant au niveau du travail que de la satisfaction de la clientèle. Pis encore, 18 % chercheront à faire le contraire de ce qu'on leur indique, en cherchant le conflit par exemple.

La productivité restera faible, et le top-management continuera de critiquer la faiblesse de motivation des salariés, sans se demander l'origine de celle-ci.

6 – Apprendre à faire confiance et à déléguer

Une des solutions pour améliorer la motivation et l'implication des salariés est de les considérer tels qu'ils sont, c'est-à-dire comme des adultes responsables, capables de prendre des décisions positives, tant pour eux que pour l'entreprise.

En responsabilisant le salarié, en lui donnant la possibilité d'influencer son quotidien et de prendre les décisions qui le concernent, il se sentira plus impliqué dans son travail. Il pourrait alors être tenté d'améliorer ses conditions de travail en prenant des initiatives qui augmenteront sa productivité. Il ne doit pas avoir un chef qui lui indiquera : « tu es là pour travailler et pas pour réfléchir » ou « les directives viennent d'en haut ».

La raison pour laquelle les personnes du middle-management ou du top-management refusent de déléguer a, d'une part, pour origine la Théorie X de McGregor, mais aussi une raison plus égoïste : ce qui compte pour les managers, c'est le moyen de sécuriser leurs bonus et d'accéder à la prochaine promotion. Ainsi, ils donnent des objectifs qui sont orientés dans leur sens afin de s'assurer leur bonne performance. Cela peut être contre-productif et ne pas mener vers un optimum pour l'entreprise. Pour sortir de cette spirale négative, on peut :

– Impliquer tous les salariés pour qu'ils aillent dans la même direction. Le manager peut avoir plus de temps pour se focaliser sur le long terme et sur l'avenir de l'entreprise, et laisser les problèmes quotidiens aux employés ;

– Redéfinir les objectifs de chacun pour qu'ils soient au plus proche des variables sur lesquelles ils influent. On donne ainsi plus de sens au travail des opérationnels.

Les managers peuvent utiliser une règle simple, pour décider des tâches qu'ils peuvent déléguer ou non. Il s'agit de se demander quelles tâches pourraient être effectuées par un tiers, à 70 % aussi bien que par soi-même. On peut appliquer ceci aussi bien à la rédaction d'un document administratif qu'à la visite d'un client. Une majorité de tâches pourraient être effectuées au moins à 70 % aussi bien par un autre employé. Il suffit de faire en sorte que chacun ait les informations nécessaires pour effectuer le travail. De plus, cet écart se réduirait avec l'effet d'expérience.

C'est en laissant faire et en faisant confiance que le salarié peut s'épanouir dans l'entreprise.

Il ne suffit pas pour le manager d'indiquer qu'il fait dorénavant confiance à ses salariés, car ceux-ci auront toujours des doutes concernant ses intentions. Il lui faudra accomplir des actes et établir des symboles avant que le salarié ne ressente vraiment qu'il a plus de liberté et qu'il a envie de participer au mouvement.

Les jeunes dans l'entreprise sont les plus à même d'apporter du changement et de pouvoir soutenir le manager dans son objectif de transformation de l'entreprise. Il devra démontrer ses capacités à traiter équitablement les salariés, avec liberté et responsabilité.

Néanmoins, la confiance est quelque chose de très difficile à obtenir, et peut se briser très rapidement. Il faudra veiller à entretenir un bon dialogue avec les salariés pour que tout le monde avance dans la même direction.

Il faut cependant faire attention, car le but est de donner plus de liberté et d'effectuer moins de contrôles, mais non d'instaurer l'anarchie dans l'entreprise. La liberté acquise sera soumise à une haute discipline de la part des personnes qui la vivent et qui s'acquitteront de leurs tâches. Elles percevront à long terme les bienfaits de bien se comporter avec ces nouvelles politiques. Elles sauront qu'il est contre-productif de ne pas coopérer, sous peine de revoir s'instaurer les contrôles, ainsi que les sanctions qui étaient si néfastes auparavant. Ils préféreront être considérés comme des adultes, plutôt que de se voir encore dicter leurs faits et gestes comme des enfants.

7 – Le rôle de M. Zobrist dans la transformation de FAVI

Chez FAVI, lorsque Jean-François Zobrist est devenu P.-D.G., il a d'abord observé puis analysé comment fonctionnait l'entreprise. Pendant les quatre premiers mois qui ont suivi son arrivée, il se considérait comme un touriste.

Il a découvert que pour faire des économies, une seule machine à café avait été installée, mais que le coût de déplacement du salarié pour l'atteindre (3 à 5 minutes en moyenne) était 100 fois supérieur à celui du café. Les réunions concernant les plannings hebdomadaires servaient surtout de lieu d'excuses, car chacun expliquait pourquoi les objectifs fixés lors du dernier planning n'avaient pas été atteints. Il y avait peu de dialogue et les départements étaient souvent opposés les uns aux autres, cherchant à défendre leurs propres intérêts…

L'entreprise était alors dans le rouge et des changements devaient impérativement être effectués pour assurer sa survie.

Pour changer les comportements des différents acteurs, Zobrist a d'abord cherché à rassurer les managers, pour qui il serait compliqué de passer d'un système hiérarchique à un système libéré.

Il a instauré des procédures pour rassurer les managers quant à leur avenir :

– Il leur soumettrait sa démission tous les 2 ans,

– Ils resteraient importants et nécessaires malgré les changements,

– Leur rémunération ne serait pas impactée de manière négative,

– Ils auraient leur mot à dire sur l'évolution de l'entreprise.

Aussi, malgré l'appréhension face au changement, il a réussi à réunir à ses côtés une majorité de personnes qui souhaitaient faire « bouger les choses ».

Puis, il s'est attelé à supprimer les coûts cachés qu'il avait identifiés, en installant plus de machines à café ou en réorientant les réunions « planning » par exemple. Il estime avoir pris beaucoup de décisions qui relèvent du sens commun et de l'équité.

Il a également changé les valeurs de l'entreprise, lui a donné une vision, et a supprimé sa charte. Il est aussi allé rencontrer les employés afin de leur demander ce qu'ils voudraient faire s'ils pouvaient recommencer leur parcours dans l'entreprise, et a fait en sorte de leur proposer un changement de poste en fonction de leurs envies. Il a supprimé les bonus et les a inclus dans le salaire régulier, avec comme volonté que ses salariés ne fassent pas seulement des heures, mais des produits de bonne qualité.

Il a voulu démontrer par ces changements que les choses peuvent bouger dans l'entreprise, qu'il ferait confiance aux employés et qu'il leur laisserait plus de liberté afin qu'ils puissent faire évoluer leur poste ou leur unité comme ils l'entendaient.

Il a alors réussi à motiver la base de ses salariés et à rassurer le middle-management sur le changement.

Il restait, en revanche, à montrer au middle-management les avantages économiques à long terme de ces modifications.

Cette année-là, à la veille de Noël, Zobrist a rencontré l'ensemble de ses salariés pour leur expliquer de manière très provocatrice le changement qu'il voulait mettre en place.

Il a déclaré qu'il fallait s'inspirer « du plus vieux métier du monde » : la prostitution. La prostituée, a déclaré Zobrist, a quatre fonctions principales :[16]

« Premièrement, elle doit se rendre visible : si elle reste dans sa chambre, elle n'aura pas de clients. Il nous faut donc nous rendre visibles par tous, par les clients évidemment, mais aussi par la famille, les amis, le pouvoir public, la presse, soit par le monde entier. Ceci encouragera tous les salariés à prendre contact avec le client afin de savoir pour qui ils travaillent, et cela les motivera.

La deuxième fonction d'une prostituée est de se maquiller avec excès afin d'attirer le regard. Nous peindrons donc nos machines, nos ateliers, décorerons nos bureaux afin que l'on ait envie de les regarder, nous aurons aussi un lieu de travail propre, il sera de ce fait plus agréable de venir travailler.

Sa troisième fonction est d'être spécialisée : si elle n'offre rien de mieux que ce que l'on reçoit à la maison, personne ne lui rendra visite. Nous devons également nous spécialiser, afin de faire mieux et d'offrir plus à nos clients. (La spécialisation des produits a généré, après quelques années, 97 % du CA. Ce chiffre était à seulement 4 % lorsque Zobrist a pris les commandes)

Finalement, elle ne doit pas transmettre de maladies.

---

[16] Favi, « Fiche n° 40 – La démarche qualité de la péripatéticienne », In *Management Favi*, [en ligne].

Cela se traduit en termes de ponctualité dans la livraison, de qualité et de prix. FAVI délivre toujours ses produits à temps, il s'agit d'une de nos valeurs. Les prix ne devraient jamais augmenter, même avec l'inflation ».

Ce dernier principe fait que les prix de FAVI sont les plus compétitifs d'Europe, et lui permet d'exporter même en Chine ! Zobrist veut des produits d'une qualité irréprochable ; cette partie incombe aux salariés qui ont la production entre leurs mains.

8 – L'importance d'une vision de classe mondiale et de valeurs…

Quelles seraient donc les conditions nécessaires qui pourraient permettre aux managers d'avoir confiance en leurs salariés, et de les laisser s'épanouir tout en sachant qu'ils iraient dans le bon sens ? Deux points sont essentiels : la vision et les valeurs. Il faut régulièrement s'assurer que les salariés partagent la même vision que le P.-D.G. De cette manière, nous pouvons être sûrs que tous les acteurs avancent continuellement dans le même sens.

Nous avons constaté la manière crue, mais néanmoins très représentative, avec laquelle Zobrist a transmis sa vision. Cette dernière apparaît en filigrane au travers de son discours : « Toujours plus et mieux, pour moins cher, pour mon client à Hallencourt ».

L'avantage d'une vision claire et de classe mondiale est de faire travailler tout le monde dans le même sens, et de donner aux salariés un objectif plus grand et plus fort que leurs tâches quotidiennes. Ils sentiront que leur travail a du sens, cela les inspirera et ils seront fiers de communiquer sur leur entreprise. Cette vision doit être néanmoins complétée par des valeurs. L'entreprise ne pourrait se suffire de sa seule vision de classe mondiale comme condition pour devenir une entreprise libérée.

Il faut aux salariés des valeurs qui leur permettront de savoir où et quand fixer la priorité. Zobrist a mis en place ce principe en indiquant qu'il souhaitait une entreprise spécialisée, avec des produits à prix toujours constants, qui seraient délivrés toujours en temps et en heure, et d'une qualité irréprochable.

Cela se traduit en indiquant aux employés de manière précise les objectifs communs. Les employés vont ainsi tout mettre en œuvre pour les atteindre. Ils n'hésiteront pas alors à contourner certaines règles, à détourner certaines procédures s'ils le jugent nécessaire pour atteindre la satisfaction client maximale. C'est ainsi, en instaurant une vision de classe mondiale – qui prime sur les objectifs quotidiens – couplée à des valeurs fortes, que l'on réussit à simplifier le mode de fonctionnement de l'entreprise et que l'on se débarrasse d'une partie de la bureaucratie existante.

Comment cela se traduit-il dans les faits ? Un vendredi à 11 heures, la responsable expédition de FAVI devait s'assurer de la livraison d'un lot avant 14 heures à l'autre bout de la France et pensait ne pas pouvoir y parvenir à temps. Après en avoir discuté avec son supérieur, celui-ci lui dit que livrer en retard n'était pas une option acceptable. C'est alors qu'ils ont opté pour une option surprenante. Ils ont appelé un hélicoptère pour envoyer un message fort aux salariés : « nous livrons toujours à l'heure ! »

Les produits ont donc pu être réceptionnés à l'heure convenue, à la stupéfaction du client.

Depuis, chacun sait que l'entreprise fera tout ce qui est nécessaire pour respecter ses valeurs.

9 – … couplées à une véritable confiance

Deci et Ryan ont décrit dans *Intrinsic Motivation and Self-Determination in Human Behavior (Perspectives in Social Psychology)*[17] les trois éléments essentiels qui participent à la création d'un bon environnement de travail et à la motivation des collaborateurs. Ces éléments sont considérés par Deci et Ryan comme identiques dans toutes les civilisations. Ils sont à mettre en perspective dans une journée type, où les salariés :

– Doivent utiliser leurs compétences,

– Ont de l'autonomie dans leur travail,

– Ont des échanges avec leurs collaborateurs.

C'est en couplant ces éléments à des valeurs fortes et en les intégrant profondément dans l'entreprise, avec une vision de classe mondiale, que l'on peut réussir à créer les conditions nécessaires à la libération de l'entreprise.

On ne peut pas forcer les personnes à adhérer à une vision ou à des valeurs.

Comme l'indique Richard Teerlink, ancien P.-D.G. de Harley-Davidson (1988-1997), « Les personnes n'ont pas une

---

[17] Deci E., Ryan R. M. (1985), *Intrinsic Motivation and Self-Determination in Human Behavior (Perspectives in Social Psychology),* New York : Plenum Publishing Co.

résistance aux changements, ils ont une résistance à ce qu'on les change ».[18] La résistance vient des anciennes expériences professionnelles mal vécues ou de facteurs culturels.

Teerlink a dû se confronter, chez Harley-Davidson, à une entreprise qui avait un très haut degré de syndicalisation. Il a dû travailler pendant longtemps à la création d'une vision et de valeurs qui seraient partagées par les managers et par les ouvriers, eux-mêmes représentés par les syndicats. C'est grâce à un dialogue performant qu'il est parvenu à faire accepter le changement aux différentes parties prenantes. Dans ce cas-là, il est nécessaire que les acteurs aient un maximum d'informations pour qu'ils puissent réellement comprendre les tenants et aboutissants d'une décision.

Un ouvrier qui analyse une décision qui a été prise par l'entreprise doit donc pouvoir la comprendre et doit pouvoir se dire : « Si j'avais été à sa place, j'aurais sûrement pris la même décision ».

Un leader ne peut forcer des hommes à accepter une vision, il ne peut que créer les conditions qui les aideront à y adhérer.

D'après ces exemples, le P.-D.G. occupe un rôle central puisqu'il doit mettre en place les conditions nécessaires à la création d'une vision commune, doit parvenir à la maintenir, et doit s'assurer que tout le monde la comprenne.

Son rôle est aussi de mettre en œuvre les politiques les plus adaptées afin que tous les acteurs soient impliqués dans cette vision, ce qui inclut les notions de confiance et de transparence.

---

[18] Leeozley, « The nature of change », In *Leeozley*, [en ligne].

Le P.-D.G. occupe donc une place centrale dans la transformation de l'entreprise, car il est celui qui choisit l'orientation qu'elle va prendre.

Les entreprises pratiquant ces politiques de liberté en entreprise acquièrent alors un véritable avantage concurrentiel. Celles qui ont un tel style de management sont encore très rares, seules 3 % des sociétés sont considérées comme telles, et sont donc très prisées des employés ; les retombées économiques liées à une plus grande attractivité de l'entreprise en termes de recrutement ne sont donc pas négligeables.

10 – Une surperformance factuelle

The HOW Report[19], publié par LRN en 2012, a étudié auprès de 36 000 personnes de quelle manière est organisée leur entreprise, selon une méthodologie très stricte.

Il en est ressorti trois types d'entreprises et les conclusions suivantes : les entreprises libérées surperforment en moyenne de 18,8 % par rapport aux entreprises éclairées ; et surperforment en moyenne de 52,8 % par rapport aux entreprises aveuglément obéissantes.

Voici comment sont définis ces trois types d'entreprises :

– Les entreprises aveuglément obéissantes obéissent à des dogmes (typologie religion) et il n'est pas possible de remettre en cause leur dirigeant (patron tyran). Elles représentent 43 % des entreprises.

– Les entreprises éclairées informent relativement leurs employés, la discussion est permise et elles recherchent la satisfaction client et l'innovation (typologie grand groupe). Elles représentent 54 % des entreprises.

– Les entreprises libérées sont libres des contraintes du manager (bien qu'il existe encore) et, de ce fait, chacun gagne un temps précieux pour se concentrer sur les choses importantes. Elles sont transparentes et peuvent être démocratiques. Elles ne représentent que 3 % des entreprises.

---

[19] LRN (Laboratory Response Network), « The HOW Report », In *LRN*, [en ligne].

10 critères principaux ont été évalués, démontrant la supériorité de l'entreprise libérée sur les deux autres types d'organisation :

(Entreprise aveuglément obéissante/ entreprise éclairée/entreprise libérée)

Critères	Performances en %	Critères	Performances en %
Innovation	38 / 67 / 92	Mauvais comportement	47 / 34 / 24
Fidélité	46 / 81 / 98	Dénonciation des mauvais comportements	27 / 61 / 88
Idées	25 / 73 / 97	Absence de sentiment de vengeance en cas de dénonciation	28 / 57 / 79
Recommandation du personnel pour travailler dans l'entreprise	33 / 81 / 98	Réputation de l'entreprise	45 / 84 / 99
Satisfaction client	42 / 82 / 99	Performance financière	48 / 74 / 93

À chaque époque correspond un style de management. Les entreprises aveuglément obéissantes n'ont pas évolué depuis des années et ne sont pas au fait des évolutions managériales.

Les entreprises éclairées cherchent à coller aux nouveaux styles managériaux et ont besoin de preuves pour évoluer, même si elles sont souvent conscientes de la lourdeur de leur organisation.

Les entreprises libérées sont l'aboutissement d'un management dirigé par la confiance, des valeurs et une vision. Il surperforme largement par rapport aux deux autres styles, même si ce mode encore méconnu reste très rare.

Les exemples traités tout au long de ce livre sont autant de preuves que ce système fonctionne, qu'il n'est pas utopique et surperforme. Il renforce tous les critères de performances de l'entreprise, en abaissant les contrôles, pour donner plus de libertés et davantage de motivation aux différents acteurs.

11 – Le coût de la motivation

La motivation est un des facteurs qui peut coûter le plus cher aux entreprises. Sans se traduire par des coûts directs, la faible motivation chez les individus se traduira par une faible productivité, ainsi qu'une implication limitée aux objectifs de l'entreprise.

Nous avons vu, dans le chapitre 5, que seuls 30 % des employés aux États-Unis sont motivés.

Comment cela peut se traduire en termes économiques pour l'entreprise ?

J'ai préféré étudier l'exemple de l'Allemagne à travers les données de l'étude Gallup[20], plus proche de nous Français, d'un point de vue culturel.

Les Allemands ont un engagement de 15 % en 2013, alors que 61 % des salariés ne sont pas engagés et 24 % sont activement désengagés.

Concernant les salariés activement désengagés, cela se traduit selon l'organisme par un coût de 112 à 138 milliards d'euros par an.

Ces données concernant l'Allemagne sont encore plus inquiétantes que les données précédemment citées concernant les États-Unis.

Nous pouvons, dans un premier temps, estimer qu'il peut

[20] Gallup, « State of the Global Workplace », In *Gallup* [en ligne].

s'agir d'une opportunité dans le sens où l'Allemagne ne peut que faire mieux.

Néanmoins, lorsque l'on regarde les données sur dix ans, on remarque que la motivation a diminué sur la période, passant de 16 % à 15 % aujourd'hui.

La démotivation se traduit chez Royal Mail, service postal du Royaume-Uni, par des coûts cachés qui prennent une ampleur impressionnante, et qui finissent par peser sur l'entreprise.

Sur les 170 000 salariés, 10 000 par jour en moyenne étaient absents.[21]

Pour résoudre ce problème, le top-management a même essayé de faire gagner des prix comme des voyages ou des voitures d'une valeur de 24 000 € aux salariés qui viendraient travailler 6 mois consécutifs sans absence...[22]

Mais essayer de régler le problème de la sorte, au-delà de son aspect risible, consiste à traiter les causes superficielles de la maladie.

Les causes profondes qui génèrent cet absentéisme sont le mauvais moral des collaborateurs et un grand manque de motivation.

On aurait pu imaginer que l'augmentation des salaires réglerait le problème, mais une fois encore les causes profondes ne sont pas traitées.[23]

Pour remotiver les employés, il faut que le top-management

---

[21] Pearock L. (2008), « Delivering on absence management at Royal Mail », In *Personneltoday* [en ligne].

[22] Dailymail, « Drive out employee absenteeism (by giving workers free cars) », In *Dailymail*, [en ligne].

[23] Semler R. (2003), *7 days week end*, New York : Arrow book p30-31.

réussisse à comprendre et à analyser les décisions prises qui ont conduit à un tel niveau d'absentéisme.

Le coût de cet absentéisme est estimé entre 500 et 700 millions d'euros par an en 2010, ce qui entraîne de gros problèmes de compétitivité pour l'entreprise qui sera privatisée dans l'espoir que les choses s'améliorent…

La plupart des entreprises dans le cas de Royal Mail préfèrent traiter les symptômes et non les causes de cet absentéisme, de la même manière que les managers de l'entreprise préfèrent faire gagner des voitures plutôt que de changer de comportement.

Pourtant, l'entreprise sait qu'elle aurait tout intérêt à avoir des salariés motivés, mais les managers sont ancrés dans un système fortement hiérarchique qui les pousse à garder et à gagner toujours plus de pouvoir.

Ils sont donc davantage focalisés sur l'atteinte de leur prochaine promotion que sur le fait de traiter leurs collaborateurs avec respect et liberté…

Ce graphique réalisé par Towers Perrin, entreprise de consulting en management, montre les bienfaits de la motivation sur les résultats d'une entreprise[24], grâce à l'observation des différences de résultats entre les entreprises ayant des salariés motivés, et des entreprises qui ont des salariés peu motivés (étude menée auprès de près de 360 000 salariés, testés dans 41 entreprises des 10 pays les plus développés).

---

[24] Towers Perrin, « Employee engagement underpins business transformation », In *Towers Perrin,* [en ligne].

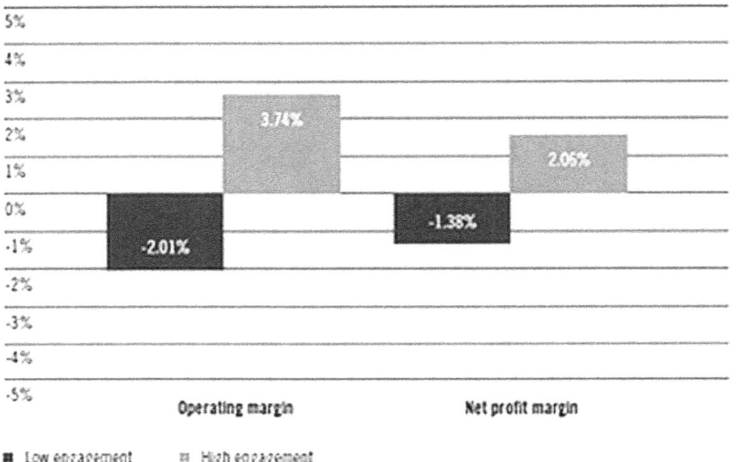

On peut noter une corrélation évidente entre la motivation et la réussite économique. Une différence de près de 6 % peut être observée dans les marges, entre des entreprises avec des salariés motivés et faiblement motivés, et plus de 3 % pour le résultat net.

Les managers auraient donc intérêt, sous l'angle de la gestion des risques, à laisser les salariés plus libres et plus indépendants, afin que leur motivation augmente et que l'entreprise s'en trouve plus performante.

12 – Le coût des « déséconomies » d'échelle

La théorie des économies d'échelle est communément admise par tous les managers ; il s'agit de pouvoir baisser le coût unitaire d'un produit lorsque le niveau de production augmente, grâce à une diminution des coûts fixes.

Ainsi, de nombreuses entreprises se reposent sur cette théorie pour augmenter leur production et leurs volumes. Cette théorie n'est pas uniquement appliquée pour les entreprises de production.

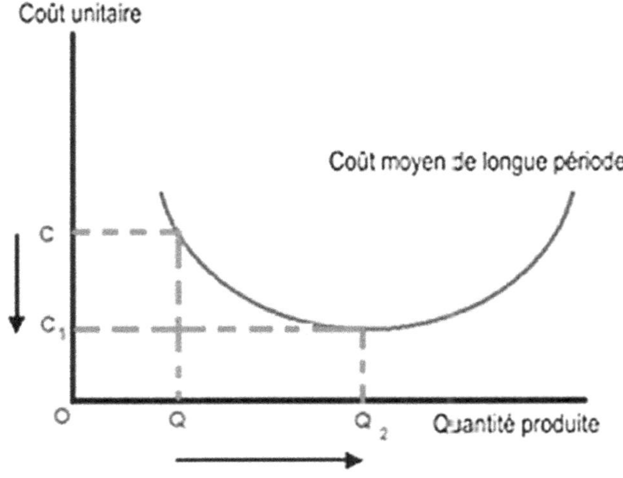

Néanmoins, comme on peut le constater sur la courbe ci-dessus, les déséconomies d'échelle interviennent dès que la courbe se redresse (après le point Q2).

Un optimum doit donc être trouvé, bien qu'il semble souvent compliqué pour une entreprise de savoir à quel moment surviennent les déséconomies d'échelle.

Cependant, selon Todd R. Zenger, il faudrait relativiser les économies d'échelles. En effet, il a mené une étude auprès de grands groupes et de PME afin d'analyser les différences d'efficacités du pôle R&D dans chacun des deux types d'environnement.[25]

Les PME ont été jugées plus efficaces que les grands groupes. Cela s'explique, car les grands groupes se sont concentrés sur la croissance externe pour continuer à se développer, alors que les PME privilégiaient la croissance organique.

Un point essentiel de cette étude a relevé que les déséconomies d'échelle sont un désavantage majeur pour les grands groupes, bien qu'elles possèdent des économies d'échelle très fortes en termes de distribution ou de production.

Pour contrôler les résultats, ces grands groupes doivent mettre en place des coûts de surveillance élevés et doivent assurer l'équité dans la distribution des récompenses. Si elles échouent sur ce point, elles doivent alors faire face au coût du turn-over, à la faiblesse de la motivation et à du mécontentement. De ce fait, les grands groupes choisissent majoritairement des conditions de rétribution encourageant

---

[25] Booz, « La R&D peu touchée par la crise », In *Booz* [en ligne].

faiblement la performance. C'est ainsi que les plus talentueux de leurs collaborateurs sont démotivés.

Les grands groupes doivent donc créer des conditions d'autonomie et de rémunération calquées sur le modèle des PME, en organisant les services en petites unités.

13 – Le coût du stress

Le stress touche 20 % des salariés européens, dans toutes les couches de la population, et représente la cause n° 1 des arrêts de travail.[26] Les collaborateurs essaient d'éviter les personnes qui causent leur stress ; les conséquences sont donc absentéisme et perte de productivité.

Ainsi, d'après l'INRS, le stress engendre :[27]

– Une augmentation de l'absentéisme et du turn-over,

– Des accidents du travail,

– Une démotivation, une baisse de créativité,

– Une dégradation de la productivité, une augmentation des rebuts ou des malfaçons,

– Une dégradation du climat social, une mauvaise ambiance de travail,

– Des atteintes à l'image de l'entreprise,

– Des difficultés pour remplacer le personnel ou recruter de nouveaux employés.

Il s'agit des effets les plus communément admis du stress pour l'entreprise. On peut noter que les effets prolongés du stress sur l'individu peuvent aussi avoir de fâcheuses conséquences sur sa santé.

---

[26] INRS (Institut National de Recherche et de Sécurité), « Stress au travail », In *INRS* [en ligne].

[27] INRS (Institut National de Recherche et de Sécurité), « Conséquence du stress au travail pour l'entreprise », In *INRS* [en ligne].

À long terme, on peut constater un haut taux de pression sanguine, un rythme cardiaque en augmentation et une adrénaline continuellement élevée.

Le coût du stress pour les entreprises est évalué par l'INRS[28] à près de 3 milliards d'euros par an en France. Il n'est retenu, dans cette méthodologie, que les pathologies ayant fait l'objet de nombreuses études, telles que les maladies cardiovasculaires, la dépression et certains troubles musculo-squelettiques.

Cette somme correspond à ce qu'on appelle le « job strain ». Il s'agit d'une situation de travail tendue avec une faible liberté d'action, couplée avec des objectifs difficilement atteignables. Les psychologues indiquent qu'un événement majeur de stress intervenant dans la vie personnelle d'un salarié cause moins de tort qu'un environnement de travail stressant.

En revanche, ces éléments ne sont que la partie émergée de l'iceberg, la manière générale d'appréhender le stress et de calculer ses effets économiques étant biaisée. L'INRS indique que les cas de « job strain » ne représentent qu'un tiers des facteurs de stress. En effet, tous les coûts générés pour l'individu ne sont pas pris en compte : la souffrance occasionnée par le stress ainsi que la perte de bien-être sont autant d'éléments qui font diminuer la productivité globale d'un employé. Il est estimé que ces coûts représentent jusqu'à deux fois les coûts du stress calculés pour le « job strain ». On arrive donc, de façon cumulée, à un total de près de 9 milliards d'euros pour l'ensemble des éléments liés au stress.

---

[28] INRS (Institut National de Recherche et de Sécurité), « Le stress au travail », In *INRS* [en ligne].

Selon une estimation calculée à partir du nombre total de salariés français (26 293,7 millions en 2012[29]), le coût annuel du stress est de 342 €/salarié.

Le Dr Claudia Put, de l'université catholique de Leuven, va même plus loin en indiquant que le présentéisme, soit le fait d'être en entreprise, devrait être pris en compte dans l'étude des coûts du stress. Le présentéisme représenterait d'après elle 61 % du coût du stress.

Elle indique que pour une entreprise de 500 personnes, le coût du stress serait de 2 millions d'euros, soit 4 000 € par salarié[30] (dont 2 440 € pour le coût du présentéisme).

L'absence de méthodologie cohérente entre les deux modes de calcul, pousse à croire que la vérité se situe entre les deux. Il faut néanmoins retenir que le stress est source de coût et qu'il est lié à une organisation du travail hiérarchique, car les salariés ne bénéficient que d'une faible liberté d'action et ont des objectifs qui sont difficilement atteignables.

Pour aller plus loin, BMJ (British Medical Journal), un organisme donnant des conseils aux médecins[31], a analysé que les hommes qui sentent qu'ils ont peu de contrôle sur leur travail auront 50 % de chances de plus de développer une maladie du cœur, par rapport à ceux qui sentent qu'ils ont de la liberté et du contrôle sur leur poste, contre 170 % de risques supplémentaires de développer cette même maladie pour les femmes !

---

[29] INRS (Institut National de Recherche et de Sécurité), « Emploi salarié et non salarié au 31 décembre 2012 », In *INSEE* [en ligne].
[30] Rtl.be, « Le stress des travailleurs coûte 13 milliards par an aux entreprises flamandes », In *Rtl.be* [en ligne].
[31] Bosma H., Marmot M.G., Hemingway H. et alii (1997), « Low job control and risk of coronary heart disease in Whitehall ii (prospective cohort) study », In *BMJ*, [en ligne].

Elles sont, en outre, dans des positions où elles ont généralement moins de contrôle que les hommes.

L'empowerment est un moyen de réduire le stress : en arrêtant d'indiquer comment faire un travail, le stress, l'absentéisme et les coûts cachés vont se réduire, tout en faisant augmenter la motivation. L'employé fixant ses propres objectifs aurait les moyens de les atteindre. De plus, en libérant l'initiative des employés, ceux-ci seront plus créatifs et proposeront davantage d'innovations, ce qui pourra mener, à terme, à une plus forte croissance interne.

14 – La gestion de l'innovation

De quelle manière un environnement d'entreprise « pourquoi » peut être un atout en termes d'innovation ? Pourquoi y a-t-il 25 points d'écart, selon The How report,[32] entre une entreprise éclairée et une entreprise libérée concernant l'innovation ?

Lorsque l'on reprend l'étude de la motivation des salariés allemands (motivés pour seulement 15 %), Gallup nous apprend que les salariés motivés proposent 42 % d'idées en plus que les salariés désengagés.[33] De la même façon, plus d'un tiers des employés désengagés n'ont proposé aucune idée au cours des 6 derniers mois.

L'organisation et la hiérarchie sont parmi les raisons qui limitent la créativité, c'est ainsi que l'on perd plus de la moitié des idées créatives à cause des normes et règles qui démotivent les salariés. De plus, le sentiment de n'être qu'un numéro et de ne pas être écouté renferme les gens sur eux-mêmes et entraîne un rejet de l'organisation.

Tout le monde est aujourd'hui d'accord pour dire que l'innovation est le levier qui permet d'ajouter de la valeur, d'offrir des services supplémentaires et de délivrer une meilleure qualité.

---

32 LRN (Laboratory Response Network), « The HOW Report », In *LRN*, [en ligne].
33 Gallup, « A Threat to German Growth », In *Gallup* [en ligne].

En bridant ainsi la source potentielle de revenus, l'entreprise se prive de très nombreux cerveaux disponibles.

3M est réputée dans le monde entier pour être l'une des entreprises les plus innovantes. Pour faire honneur à cette réputation, l'entreprise a mis en place un programme baptisé 3M Accélération. Celui-ci a pour objectif de réaliser 40 % du chiffre d'affaires avec des produits lancés depuis moins de quatre ans et 10 % avec les produits issus de l'année en cours.

Ce programme ambitieux nécessite des moyens pour être atteint. Chez 3M, toute l'entreprise – du P.-D.G. jusqu'au salarié au bas de la hiérarchie – est tournée vers l'innovation. Les budgets R&D représentent 1,25 milliard d'euros, soit près de 6 % du chiffre d'affaires. D'après le classement Global Innovation 1000[34], qui classe les 1 000 entreprises qui innovent le plus, celles-ci investissent en moyenne 3,6 % de leur chiffre d'affaires en recherche et développement.

Un des moyens pour permettre au potentiel de chacun de s'exprimer consiste à permettre aux scientifiques de pouvoir consacrer 15 % de leur temps[35] à des recherches personnelles. Cet outil, qui a depuis été copié par Google, permet à ces entreprises d'avoir une forte implication des employés ; pour preuve, de grandes découvertes ont été faites pendant ces temps de recherches personnelles. Ces entreprises ont compris par quel moyen les motiver, et comment leur permettre de s'épanouir dans leur travail, ce qui optimise l'innovation.

Jan Pinkster, directeur du centre R&D de 3M en France, indique que « L'homme est la clé du système. Il vaut mieux

---

[34] Journaldunet, « Gestion de l'innovation 3M : la machine à innover », In *Journaldunet* [en ligne].

[35] Fastcodesign, « How 3M Gave Everyone Days Off and Created an Innovation Dynamo », In *Fastcodesign*, [en ligne].

responsabiliser les chercheurs, que de chercher à les transformer en managers ».[36] Ces déclarations reviennent à prendre en compte la Théorie Y de McGregor : en considérant les employés comme des hommes responsables et dignes de confiance, ceux-ci s'impliqueront davantage.

Il n'y a pas de récompenses tangibles pour les chercheurs qui trouvent des produits innovants, dit Henry J. Marsh[37], coordinateur de la performance chez 3M. Leur récompense est la reconnaissance de leurs pairs et de leurs supérieurs. Aucun élément tangible ne peut être meilleur signe de reconnaissance que l'implication des collègues et l'intérêt d'un supérieur. Ici encore, 3M a fait preuve de jugement dans la construction du système de récompenses, en se basant sur la théorie de la motivation intrinsèque de Deci.

Cette théorie est fondée sur la motivation propre du salarié, plutôt que sur le fait de lui accorder une récompense pour un métier qu'il peut aimer et faire avec plaisir.

C'est ainsi que 3M a réussi à construire un environnement propice à l'innovation et à générer aujourd'hui 30 % de son chiffre d'affaires avec des produits lancés depuis moins de 4 ans. Après avoir vu différents arguments économiques qui, je l'espère, vous ont convaincu de la supériorité pour votre organisation d'une entreprise libérée, il nous faut analyser l'aspect humain dans le changement, qui est critique. Je vous rappelle que « Les personnes n'ont pas une résistance aux changements, ils ont une résistance à ce qu'on les change ».[38]

---

[36] Journaldunet, « Gestion de l'innovation 3M : la machine à innover », In *Journaldunet* [en ligne].
[37] Marketinghrdpresentation, « Performance Management in 3M », In *Marketinghrdpresentation* [en ligne].
[38] Leeozley, « The nature of change », In *Leeozley*, [en ligne].

15 – Comment changer et faire évoluer l'organisation

Quelles sont les mutations possibles concernant un manager actuel ? Un manager qui est actuellement dans un mode de fonctionnement « comment » et qui voudrait libérer le potentiel de ses salariés, le pourrait. Il lui faudrait être convaincu en son for intérieur que le mode de fonctionnement actuel n'est pas idéal. Étant donné qu'il n'a pas connu autre chose, il n'a jamais pensé à remettre en cause ce qui semblait être la manière normale de diriger. Cela nécessite donc beaucoup de courage de sa part, afin qu'il soit capable de déclarer à ses salariés qu'il s'est trompé, mais qu'il changera dans l'intérêt commun. Il ne s'agit pas pour autant d'une prescription médicale, qui en étant suivie pourrait supprimer les facteurs négatifs. En croyant suffisamment en ces changements, dans les théories exposées et en réussissant à partager certaines valeurs, l'entreprise pourra alors bénéficier d'un cercle vertueux.

L'étude des chimpanzés Anubis, dans la savane de l'Afrique de l'Est, est un cas très intéressant de culture et de changement du comportement.

Ces chimpanzés, lorsque les scientifiques ont commencé à les observer, n'avaient que deux passions : se battre pour le leadership et, en fonction de ce leadership, s'accoupler avec le plus de femelles possible.

Rappelons que seul 1,4 % de notre ADN nous sépare d'eux…[39] Ces comportements que l'on peut juger classiques pour des primates ont un jour subi un bouleversement majeur.

Les terres de ces primates n'étant pas très éloignées d'une résidence touristique, les chimpanzés avaient pris l'habitude d'aller se servir allègrement dans les poubelles, car la nourriture y abondait. Un jour, les poubelles de cet hôtel ont contenu de la viande infectée par la tuberculose. Cette maladie est très dangereuse pour les macaques : la moitié des chasseurs de la troupe furent tués.

Par chance, il se trouvait que ceux qui allaient chasser étaient les mâles les plus agressifs. Ainsi les conséquences sur le restant de la troupe furent immédiates. Les mâles les plus agressifs ayant disparu, il y eut moins de combats et moins de violence entre les membres, qui acceptèrent donc plus facilement les changements de hiérarchie et de leader. De plus, les nouveaux venus furent désormais beaucoup plus rapidement intégrés dans la troupe.

Finalement, cette culture est restée ancrée dans la troupe – près de dix ans plus tard, lorsque les scientifiques sont retournés les voir –, bien qu'il ne soit resté aucun chimpanzé du groupe initial.[40]

Le gros avantage de l'être humain sur les chimpanzés est que nous sommes capables de réfléchir, d'observer et d'analyser.

---

[39] Barriel V., « Ces 1,4 % qui nous séparent du chimpanzé », In *Érudit* [en ligne]

[40] De Waal F. B. M., Johanowicz D. L. (1993), *Modification of reconciliation behavior through social experience : An experience with two macaque species,* Madison : University of Wisconsin-Madison, 897-908 p.

Lorsque quelque chose ne va pas, il nous est possible de changer nos comportements et de les adapter afin de les rendre plus compatibles avec notre environnement. Il n'est, en revanche, pas facile de sortir de cette spirale négative qui consiste à contrôler les employés.

Zobrist, lorsqu'il a commencé sa transformation, a indiqué qu'il fallait prendre les erreurs pour soi et laisser les personnes s'améliorer.[41]

Ne pas stigmatiser quelqu'un qui fait une erreur aura pour conséquence de lui faire comprendre son erreur. Il apprendra de celle-ci, ce qui lui permettra de prendre confiance pour l'avenir.

Il faut apprendre aux salariés à pouvoir s'exprimer, à remettre en question les décisions prises, à supprimer progressivement les tâches et procédures inutiles…

Chez Semco, une chose très importante est enseignée aux salariés à leur arrivée. Il s'agit de toujours tout remettre en question. Ils ont un process qui leur indique qu'ils ne doivent jamais accepter une décision s'ils n'en ont pas compris le sens et s'ils la trouvent contraire à l'intérêt de l'entreprise, car à terme il s'agit également de leur propre intérêt.

Ils appliquent la politique des « 3 pourquoi »[42] : il s'agit de cette manière de pouvoir expliquer les tenants et les aboutissants d'une stratégie, d'une décision ou d'un budget, de la même façon qu'à un enfant de 3 ans. À 3 ans, un enfant commence à vouloir comprendre comment fonctionne le

---

[41] Zobrist J.-F. (2012), « J'ai fait une erreur », In *Teamentrepreneur* [en ligne].

[42] Semler R. (2003), *7 days week end*, New York : Arrow book 5-10 p. ; 30-31 p. ; 51-54 p.

monde, ainsi il lui faut passer par de nombreuses interrogations, pour qu'il puisse saisir toutes les dimensions d'un problème.[43]

Dans ce cas, bien que l'on ait désormais compris que les salariés étaient des adultes responsables, capables de réflexion, on doit passer à l'étape suivante qui consiste à leur demander ce qu'ils pensent des décisions qui ont été prises. On commence par remettre à plat tout ce qui est considéré comme étant naturel et acquis, pour voir si ce protocole est justifié.

Le management devra expliquer ses décisions, et cela montrera au salarié qu'il est considéré comme quelqu'un d'important, à qui l'on rend des comptes. Les salariés font partie au même titre que les actionnaires des parties prenantes de l'entreprise et devraient être considérés comme tels. C'est par ces 3 « pourquoi » que l'on démontre le bien-fondé ou non d'une décision ou d'une règle de vie.

Les salariés seraient donc libres d'agir, mais devraient pouvoir justifier le pourquoi de leurs actions. On passe donc d'un système où on explique comment, à un système où on demande pourquoi. On arrête donc d'expliquer comment faire une tâche et on laissera faire le travail. Il se référera aux valeurs de l'entreprise, à sa vision, et cherchera la meilleure solution.

Prenons l'exemple de la tenue vestimentaire au travail. De nombreuses personnes pensent qu'il faut aller au travail habillé en costume-cravate, pourquoi ? Une personne répondrait certainement « car c'est la tenue communément admise ». Mais pourquoi tout le monde vient habillé de cette manière ?

---

[43] Thuillier M., Brunschwig H. (2013), « 3 ans : l'âge des "pourquoi" », In *Infobebe* [en ligne].

On pourrait répondre que cela donne une image sérieuse de l'entreprise. Enfin, pourquoi auriez-vous besoin d'avoir l'air sérieux pour que quelqu'un pense que vous l'êtes réellement ?

Après le test des trois « pourquoi », notre enfant de 3 ans ne comprendrait pas l'usage du costume et de la cravate. Pourquoi porter une tenue dans laquelle on n'est pas à l'aise, et qui ne renvoie qu'une image ? Décidons plutôt de travailler sur le fond des choses et de proposer de véritables solutions à nos clients.

La remise en cause perpétuelle permet donc d'améliorer la productivité globale de l'entreprise. Les salariés, en questionnant le management, décideront de supprimer au fur et à mesure certaines règles, des chartes, des processus qui réduisent les temps de fabrication et permettront l'amélioration de la qualité… La règle des trois « pourquoi » permet à une décision de s'imposer comme étant solidement réfléchie et de s'avérer durable.

La règle des trois « pourquoi » peut être un premier pas vers des changements plus profonds en termes de management. Quels outils ont été employés et jusqu'où certaines entreprises ont poussé la liberté et la démocratie dans leur entreprise ?

16 – Joue-la comme Semco

Nous verrons dans cette partie, en quatre points, les pratiques managériales que Semco – entreprise brésilienne dont le P.-D.G. est Ricardo Semler – a instaurées depuis vingt ans, avec une culture de démocratie, de participation et de liberté pour ses salariés.

1/ Notation des supérieurs

Un des outils qui permet d'assurer un management à l'écoute des employés, qui les aidera à grandir et leur permettra de s'épanouir dans leur travail, est de noter les managers. De la même manière que beaucoup d'entreprises notent leurs salariés, il s'agirait de retourner la situation pour voir comment les salariés perçoivent leur supérieur.

En instaurant un système de deux notations par an, on s'assurera que les managers feront des efforts envers les salariés et qu'ils ne se comporteront plus de manière négative. De plus, il s'agit d'un outil intéressant pour que ceux-ci puissent se remettre en cause par la découverte de leurs forces et faiblesses.

C'est ainsi que, chez Semco, tous les six mois, il est demandé aux employés de remplir un questionnaire concernant leur supérieur. Les questions englobent un large éventail de critères concernant les compétences et les qualités qui sont demandées à un leader.

Ce questionnaire vise à savoir si le supérieur considère ses salariés avec respect et s'il les traite de la même manière que les autres managers.

En fonction de la note qu'ils reçoivent et de leur personnalité, les membres du top-management peuvent réagir ou non. Ceux qui essayent de s'adapter et de s'améliorer, qui ne sont pas réticents aux changements, trouvent souvent les résultats intéressants. D'autres ont du mal à accepter cette pratique de questionnaire, ne font que très peu d'efforts, ce qui est souvent révélateur d'un manque d'implication dans l'entreprise. Leur manque de capacité de remise en cause les force souvent à quitter l'entreprise après un certain temps.

Mais, de manière générale, les managers trouvent les questionnaires justes, car ils mettent en exergue leurs points faibles. Les scores des managers ont, en moyenne, augmenté de 2 ou 3 points chaque année, ce qui traduit une amélioration des comportements dans l'entreprise. On peut donc penser que si le comportement du manager s'améliore, alors la motivation des salariés sera plus élevée.

2/ Rotation du personnel

D'après une étude fondée sur les ouvriers du milieu automobile, la rotation du personnel grâce à un changement régulier de poste est un outil qui peut aider à la réduction de la monotonie dans le travail. Elle peut aussi réduire les troubles musculo-squelettiques, tout en conduisant à une meilleure gestion de l'absentéisme. Ces ouvriers changent régulièrement de poste, et en découlent alors les avantages cités ci-dessus.

Les résultats de cette étude montrent que seuls 10,8 % des salariés pratiquent la rotation, car elle est basée sur le volontariat. Il faut souligner qu'elle soulève de nombreuses craintes : difficulté du poste futur ou déséquilibre des contraintes d'un poste à un autre. Les ouvriers qui l'acceptent sont généralement les plus jeunes (19 % versus 10 % chez les autres groupes), car d'une part, ils ont généralement les postes les plus durs, et d'autre part, car ce sont eux qui sont les plus ouverts au changement.[44]

Néanmoins, ce qui est applicable pour les ouvriers doit aussi l'être pour les cadres. C'est sur ce principe que certains grands groupes promettent une mobilité et un apprentissage tout au long de la carrière. Cela a notamment pour but de garder les employés dans l'entreprise et de les motiver grâce à de nouveaux challenges et défis à relever. La monotonie est le premier pas vers la perte de productivité et la démotivation.

La mobilité des cadres a de nombreux avantages pour l'entreprise, car elle permet aux salariés d'avoir une vision plus globale.

Prenons par exemple un commercial qui critique depuis de nombreuses années le service comptabilité et qui décidera d'aller travailler une année au sein de celui-ci. Il se rendra compte de la difficulté du poste et de ses contraintes. Lorsqu'il retournera sur son poste de commercial, il verra les choses de manière différente. De plus, cet échange permettra au commercial d'exposer lors de cette année passée avec la comptabilité toutes ses problématiques de commercial. De cette façon, les deux parties pourront apprendre l'une de l'autre.

---

[44] Vézina N., St-Vincent M., Dufour B. et alii (2003), « La pratique de la rotation des postes dans une usine d'assemblage automobile », In *IRRST* [en ligne].

Enfin, cela permettra à notre commercial de continuer à apprendre et de ne pas trouver le temps long à son poste.

Chez Semco, il y a 20 à 25 % de rotation sur les postes de managers chaque année. En changeant de fonction, ils développent leur curiosité et leur aptitude à mieux travailler dans leur poste, car une fois de retour sur celui-ci, ils seront plus empathiques aux problèmes des autres.

La venue d'un manager « externe » permet aussi, grâce à son œil neuf et sa capacité de remise en cause, la réduction des procédures et des règles inutiles.

L'organisation de ce processus de rotation est relativement simple : les salariés des différents départements indiquent, une année à l'avance, le département dans lequel ils souhaiteraient travailler. Si une personne est intéressée pour échanger son poste, alors l'échange se fait ; tout est basé sur le volontariat.

3/ Recrutement par les salariés

Entre la rotation des employés et le recrutement, il n'y a qu'un pas que Semco a franchi.

L'entreprise croit que ses employés ont une valeur supérieure aux personnes extérieures. Ils connaissent déjà l'entreprise, son fonctionnement et ses normes (ou son absence de normes) et son management original.

C'est pourquoi ils jugent pertinent d'attribuer un préférentiel de 30 % de bonus aux employés qui souhaitent postuler à une offre d'emploi au sein de Semco ; le bonus n'assurant pas d'obtenir le poste pour autant.[45]

Là où Semco fait de nouveau dans l'originalité, c'est qu'ils demandent aux salariés d'embaucher leurs futurs

---

[45] Semler R. (1993), *Maverick!*, London : Warner Bros Books.

collaborateurs. Ce processus fonctionne également lorsqu'il s'agit de choisir un nouveau manager. C'est ainsi qu'une équipe, composée des différents subordonnés et collaborateurs, se forme pour évaluer la qualité de chacun des candidats.

Le service RH commence par faire un tri parmi les CV et choisit quelques candidats potentiels, qui sont ensuite transmis aux personnes concernées, les « recruteurs ». Les employés participent donc à l'embauche de leurs futurs collègues. Lors de l'entretien, ils peuvent tout d'abord poser les questions qu'ils veulent et s'assurer de la compétence technique du candidat. Comme ils ont une expertise dans leur domaine, ils sont les meilleurs évaluateurs de cette compétence. Ensuite, ils évaluent les qualités humaines et s'assurent qu'ils seront en mesure de travailler avec le candidat, ce qui leur permet de mieux connaître la personne qui sera choisie. Celle-ci sera, grâce à cette pratique, mieux intégrée dans l'équipe lors de son arrivée dans l'entreprise. En moyenne, il faut jusqu'à trois semaines pour découvrir son équipe et six mois pour que le processus d'intégration soit achevé.[46] Grâce à la décision laissée aux salariés, on réduit ce délai et on augmente la productivité future de l'ensemble de l'équipe.

Chez Semco, de nombreux candidats ont été recrutés sans avoir le profil type, mais se sont avérés très performants. Leur philosophie est de mettre tout le monde sur le même pied d'égalité et de ne pas recruter une majorité de profils issus d'écoles de commerce, par exemple, qui ont souvent un trop fort ego. Lors de leurs entretiens, ils mettent en avant la

---

46 Fardeau A., « Réussir sa période d'essai, S'intégrer dans sa nouvelle entreprise », In Journaldunet [en ligne].

capacité technique que le candidat doit avoir, en faisant passer des tests, pour ne pas devoir dépendre d'un diplôme qui caractériserait davantage les connaissances de la personne et non ses compétences.

Concernant les recrutements de futurs managers, les employés savent que s'ils engagent un supérieur qui leur rendra la vie facile, ce sera plus agréable à court terme, mais que cela ne les assurera pas d'avoir de meilleurs résultats pour leur équipe. De plus, à long terme, ils peuvent craindre de perdre leurs emplois, car le nouveau manager n'aura pas su traiter les problèmes à temps. La main invisible d'Adam Smith[47] – qui affirme que chacun, en recherchant son intérêt individuel, trouve son intérêt collectif – est ici bien justifiée.

4/ Supprimer les primes ?

D'après Deci[48], la théorie de la motivation intrinsèque repose sur le rôle négatif des récompenses extrinsèques. En clair, pour développer une motivation interne à l'homme, il ne faut pas faire reposer le salaire uniquement sur une partie variable, car, dans ce cas, le salarié ne travaillerait que pour un salaire. Or, comme nous l'avons vu précédemment avec les jeunes qui jouent au football, une motivation extrinsèque peut mener d'une activité que l'on apprécie à une activité que l'on ne souhaite plus exercer lorsque les conditions de rémunération viennent à être modifiées.

Oliver et Anderson concluent que les modes de rémunération sont caractérisés par une motivation intrinsèque

---

[47] Smith A. (1759), *Théorie des sentiments moraux*, Paris : Léviathan, Puf, 1999.

[48] Deci E. L. (1975), *Intrinsic motivation (Perspectives in Social Psychology, Vol. 1)*, New York : Plenum Publishing Co.

lorsqu'ils se basent sur un système de salaire fixe important, alors que la rémunération qui fait prédominer une part variable mène à une motivation extrinsèque.

Après avoir publié cette étude, Oliver et Anderson[49] [50] ont voulu aller plus loin pour savoir quel système mène à la performance optimale. Ils ont déterminé qu'un système hybride prenant en compte les avantages des deux modes de rémunération précédents menait à une motivation intrinsèque.

Pour reprendre l'exemple des commerciaux avec une forte part de salaire fixe, ceux-ci recherchent la performance, mais ils savent que leur fiche de paie ne dépendra pas entièrement de celle-ci. Ainsi, en temps de crise, la baisse de leur rémunération est moins importante, car basée essentiellement sur une part fixe ; ils se sentent mieux protégés et restent motivés à faire le travail qu'ils aiment, tout en sachant que s'ils le font bien, une part variable supplémentaire viendra s'ajouter à leur salaire.

On pourrait également imaginer, pour pousser le raisonnement un cran plus loin, différencier le niveau de variable et de fixe en fonction de l'âge des commerciaux. Les commerciaux plus jeunes sont plus aptes et motivés à prendre des risques que des commerciaux qui sont pères et mères de famille. Enfin, pourquoi ne pas imaginer les laisser fixer eux-mêmes leur salaire en décidant de la répartition fixe/variable !

---

[49] Oliver R. L., Anderson E. (1994), « An empirical test of the consequences of behaviour and outcome based sales control systems », In *Journal of marketing*, Vol 58 Issue 4, 53 p.

[50] Bourdil M., « L'effet des primes d'objectifs sur la motivation et les comportements des commerciaux vis-à-vis de la clientèle : étude du cas d'un centre d'appels », In *Université Montpellier II* [en ligne].

17 – La liberté d'organisation totale

1/ Pas de contraintes horaires

Jean-François Zobirst, dirigeant de l'entreprise FAVI, indiquait qu'il voulait que ses ouvriers fabriquent des produits et non qu'ils effectuent des heures. C'est pour cela qu'il a supprimé les horloges dans les ateliers de production, pour que les ouvriers soient concentrés sur leurs tâches et qu'ils ne pensent pas à quitter l'usine de fabrication dès qu'ils y entrent.

On pourrait imaginer un système où les ouvriers pourraient venir à l'heure qu'ils souhaitent. Par exemple, un ouvrier qui vivrait à Paris perd beaucoup de temps à se rendre au travail pendant les heures de pointe ; aussi, en choisissant ses horaires, il pourrait éviter une perte de temps liée aux bouchons ou un inconfort lié aux trajets dans le métro et gagner en motivation.

Les ouvriers décideraient de venir travailler plus tôt ou plus tard, en fonction de ce qui les arrange le mieux. Ils sentiraient alors qu'ils ont une véritable prise sur leur travail, et s'organiseraient entre eux pour que le travail puisse être fait.

En effet, si un ouvrier arrive à 6 heures et qu'il est seul, il ne pourra pas travailler avant 7 heures, heure à laquelle les autres ouvriers se rendent au travail. Il y aurait dès lors une discussion et ils pourraient choisir collectivement leurs horaires.

Généralement, ce sont les syndicats qui négocient avec le management, mais la décision finale ne leur revient pas, même s'ils essaient de défendre les intérêts des ouvriers, d'autant que le taux de syndicalisation est d'environ 8 % en France…[51]

La liberté dans les horaires est un premier pas qui peut donner une forte impression d'indépendance aux employés. Même si cela semble novateur pour les ouvriers, il s'agit d'un système bien admis pour les cadres et les personnels de bureau. Les employés de bureau sont payés pour effectuer leur travail et sont souvent plus diplômés que les ouvriers, ainsi les managers leur font généralement davantage confiance.

2/ Détermination des objectifs par les employés

Pour continuer sur cet état d'esprit positif et remettre l'Homme au centre des processus, on peut imaginer laisser les employés déterminer eux-mêmes leurs objectifs.

Chez Semco, on utilise un système où chaque employé a des objectifs mensuels qui sont utilisés dans le calcul de sa rémunération.

L'entreprise donne un objectif au collaborateur qui lui semble indispensable et qui correspond à 50 % de la prime que l'employé obtient à la fin du mois.

Celui-ci fixe également son propre objectif qui compte pour les autres 50 %.

Cet objectif qu'il s'est assigné prend en compte un aspect plus négligé par le manager, mais qui est important pour son poste.

C'est pourquoi il sera plus motivé pour l'atteindre.

---

[51] Maurin L. (2009), *Déchiffrer la société française*, Paris : La Découverte, 368 p.

3/ Libre niveau de rémunération

Pour aller plus loin dans la démarche libératrice, Semco a décidé de proposer la libre fixation des salaires par les individus, en leur proposant des outils pertinents pour qu'ils puissent savoir quel est le niveau de salaire de leur poste et la moyenne du secteur ; et pour qu'ils puissent dire ce qu'ils pensent valoir et ce dont ils ont besoin.

L'entreprise, dans un souci de transparence, affiche les niveaux de rémunération de tous les salariés et des dirigeants. De cette manière, si des personnes font partie des 3 % qui trichent et profitent de l'entreprise, elles se feront questionner par leurs pairs et choisiront de revenir à un niveau de rémunération correct, sous la pression collective.

Si cette manière informelle ne suffit pas, l'année suivante, lors de l'entretien annuel de négociation et de réévaluation, le salarié aura le choix de s'adapter aux contraintes du marché, ou de chercher une autre entreprise qui voudra de ses services, à ce prix.

Conclusion

Cet ouvrage permet de mettre en exergue les oppositions du mode de management traditionnel (aveuglément obéissant ; éclairé) à un mode de management moderne (libéré), qui pourrait être mis en place dans les organisations afin de leur offrir une croissance future bien meilleure et de se libérer de leur lourdeur. Grâce aux exemples d'entreprises qui ont appliqué à leur organisation ce mode de management et qui ont réussi (FAVI France, Harley-Davidson Milwaukee ou encore, Semco), j'ai extrait et analysé les formules de la réussite de ce mode de management libéré.

Il leur permet d'avoir de meilleurs indicateurs clés, un résultat opérationnel plus élevé, un taux de rotation du personnel plus faible, une plus grande motivation des collaborateurs… En outre, les salariés se sentent estimés et n'ont plus à rendre de comptes pour tous leurs faits et gestes.

Trois éléments sont essentiels à une culture d'entreprise libérée et durable :

– Arrêter d'essayer de motiver les personnes,

– Rester vigilant afin de garder votre entreprise libre,

– Partager une vision de classe mondiale.

C'est à travers des solutions applicables et efficaces que j'ai construit ce livre.

Il est utilisable pour initier vos projets de changements et pour implémenter ce type d'organisation dans votre entreprise.

Conscient de ses limites et de la difficulté de savoir par où commencer pour faire évoluer votre organisation, j'ai élaboré en parallèle une **méthodologie de diagnostic** et un **plan d'implémentation**. Le diagnostic vous permettra de vous rendre compte du type d'organisation dans lequel vous évoluez, d'identifier vos points forts et faiblesses organisationnelles. Nous pourrons ensuite, à partir de ce constat, dresser ensemble un planning de changement et un plan d'action pour vous permettre d'atteindre l'optimum de fonctionnement que vous recherchiez depuis si longtemps.

Si vous croyez aux démonstrations que j'ai effectuées, que vous êtes conscient des limites actuelles de votre organisation et que vous souhaitez faire évoluer les choses vers le management du XXIe siècle, n'hésitez pas à me contacter :

Marc.Dorel@conseilml.fr

www.conseilML.fr

Pour un management libéré dans votre entreprise, en 6 mois

Je souhaite remercier Philippe Trouvé, directeur scientifique du Céreq de Marseille pour son temps, la qualité de sa relecture ainsi que pour son soutien.

Merci pour votre lecture,
Marc Dorel

À propos de l'auteur

Je suis un entrepreneur passionné qui veut faire évoluer le monde de l'entreprise et ses mentalités. Je fais partie de la génération Y qui remet tout en cause et je refuse la morosité ambiante, en trouvant des solutions pour changer les choses. J'ai travaillé un temps dans un grand groupe français et j'ai vu l'importance des souffrances et les échecs inhérents au management.

Cet ouvrage est originellement mon sujet de mémoire, présenté à l'ESC Clermont en 2013. J'ai été incité par Jean-Claude Casalegno, professeur de management, à passer par un travail de publication afin de diffuser ces idées.

Devant les nombreux constats dramatiques que j'ai faits lors de l'écriture de cet ouvrage, j'ai décidé d'aller plus loin en proposant une méthodologie complète d'implémentation de ce modèle en entreprise. C'est ainsi que j'ai créé l'entreprise Conseil ML.

Depuis, ce cabinet de conseil en management aide les entreprises à changer de modèle managérial et à se convertir au management du XXIe siècle.

Bibliographie

1. Gallup, « State of the Global Workplace », In *Gallup* : http://www.gallup.com/strategicconsulting/157196/state-global-workplace.aspx
(Page consultée le 11/11/2013)

2. Du Gay P. (2000), *In Praise of Bureaucracy*, London : SAGE Publications LTD

3. Carney B. M., Getz I. (2009), *Liberté & Cie*, Paris : Fayard, xi p.

4. Boyer P., Orléan A. (1991), « Les transformations des conventions salariales entre théorie et histoire : d'Henry Ford au fordisme », *Revue économique*, volume 42, numéro 2, 251 p.

5. Carney B. M., Getz I. (2009), *Freedom Inc*, New York : Crown Business, 32 p.

6. McGregor D. (2000), *Revisited : Managing the Human Side of the Enterprise*, Hoboken : Wiley.

7. Cahen P. (2010), *Signaux faibles, mode d'emploi*, Paris : Eyrolles

8. Forrest J. (1986), « The Space Shuttle Challenger Disaster », In *Metropolitan State College* :
http://dssresources.com/cases/spaceshuttlechallenger/index.html
(Page consultée le 31/05/11).

9. Favi, *Page d'accueil Favi : Leader mondial en fonderie sous pression d'alliages cuivreux* :
http://www.favi.com/
(Page consultée le 25/09/2013)

10. Carney B. M., Getz I. (2009), *Freedom Inc*, New York : Crown Business, 24 – 28 p.

11. Kotler P., & Keller K. L. (2005), *Marketing Management* (12th Ed.) Upper sadle River : Prentice Hall

12. Semler R. (1993), *Maverick !*, London : Warner Bros Books

13. Semler R. (octobre 1989), « Managing without Managers », In Harvard University, *Harvard Business Review*, no: 89509-PDF-ENG :
http://hbr.org/product/managing-without-managers/an/89509-PDF-ENG
(Page consultée le 23/10/2013)

14. Deci E. L. (1975), *Intrinsic motivation (Perspectives in Social Psychology, Vol. 1)*, New York : Plenum Publishing Co

15. Gallup, « State of the Global Workplace », In *Gallup* :
http://www.gallup.com/strategicconsulting/157196/state-global-workplace.aspx
(Page consultée le 11/11/2013)

16. Favi, « Fiche n° 40 – La démarche qualité de la péripatéticienne », In *Management Favi* :
http://www.favi.fr/manago.php
(Page consultée le 07/06/2011)

17. Deci E., Ryan R. M. (1985), *Intrinsic Motivation and Self-Determination in Human Behavior (Perspectives in Social Psychology)*, New York : Plenum Publishing Co.

18. Leeozley, « The nature of change », In *Leeozley* :
http://www.leeozley.com/change.htm
(Page consultée le 07/06/2011)

19. LRN (Laboratory Response Network), « The HOW Report », In *LRN* :
http://www.lrn.com/howmetrics/data/LRNHowReport2012.pdf
(Page consultée le 25/09/2013)

20. Gallup, « State of the Global Workplace », In *Gallup* :
http://www.gallup.com/strategicconsulting/157196/state-global-workplace.aspx
(Page consultée le 11/11/2013)

21. Pearock L. (2008), « Delivering on absence management at

Royal Mail », In *Personneltoday* :
http://www.personneltoday.com/articles/12/06/2008/46275/delivering-on-absence-management-at-royal-mail.htm
(Page consultée le le 26/09/2013)

22. Dailymail, « Drive out employee absenteeism (by giving workers free cars) », In *Dailymail* :
http://www.dailymail.co.uk/news/article-1261333/Drive-employee-absenteeism-giving-workers-free-cars.html
(Page consultée le 29/09/2013)

23. Semler R. (2003), *7 days week end*, New York : Arrow book p30-31

24. Towers Perrin, « Employee engagement underpins business transformation », In *Towers Perrin :*
http://www.towersperrin.com/tp/getwebcachedoc?country=gbr&webc=GBR/2008/200807/TP_ISR_July08.pdf
(Page consultée le 13/06/2011)

25. Booz, « La R&D peu touchée par la crise », In *Booz* :
http://www.booz.com/fr/home_fr/40858140/40859916/47149215?pg=1
(Page consultée le 25/06/2011)

26. INRS (Institut National de Recherche et de Sécurité), « Stress au travail », In *INRS* :
http://www.inrs.fr/accueil/risques/psychosociaux/stress.html
(Page consultée le 03/10/2013)

27. INRS (Institut National de Recherche et de Sécurité), « Conséquence du stress au travail pour l'entreprise », In *INRS* :
http://www.inrs.fr/accueil/risques/psychosociaux/stress/consequence-entreprise.html
(Page consultée le 11/09/2013)

28. INRS (Institut National de Recherche et de Sécurité), « Le stress au travail », In *INRS* :
http://www.inrs.fr/accueil/produits/mediatheque/doc/publications.html?refINRS=DW%2026
(Page consultée le 16/06/2011)

29. INRS (Institut National de Recherche et de Sécurité), « Emploi salarié et non salarié au 31 décembre 2012 », In *INSEE* :
http://www.insee.fr/fr/themes/tableau.asp?ref_id=natnon03146
(Page consultée le 26/09/2013)

30. Rtl.be, « Le stress des travailleurs coûte 13 milliards par an aux entreprises flamandes », In *Rtl.be* :
http://www.rtl.be/info/economie/belgique/308329/
(Page consultée le 13/09/2013)

31. Bosma H., Marmot M.G., Hemingway H. et alii (1997), « Low job control and risk of coronary heart disease in Whitehall ii (prospective cohort) study », In BMJ :
http://www.bmj.com/content/314/7080/558.full
(Page consultée le 16/06/2013)

32. LRN (Laboratory Response Network), « The HOW Report », In *LRN* :
http://www.lrn.com/howmetrics/data/LRNHowReport2012.pdf
(Page consultée le 25/09/2013)

33. Gallup, « A Threat to German Growth », In *Gallup* :
http://gmj.gallup.com/content/147875/Threat-German-Growth.aspx#1
(Page consultée le 08/06/2012)

34. Journaldunet, « Gestion de l'innovation 3M : la machine à innover », In *Journaldunet* :
http://www.journaldunet.com/management/dossiers/040640innovation/3m.shtml
(Page consultée le 25/06/2011)

35. Fastcodesign, « How 3M Gave Everyone Days Off and Created an Innovation Dynamo », In *Fastcodesign* :
http://www.fastcodesign.com/1663137/how-3m-gave-everyone-days-off-and-created-an-innovation-dynamo
(Page consultée le 03/10/2013)

36. Journaldunet, « Gestion de l'innovation 3M : la machine à innover », In *Journaldunet* :
http://www.journaldunet.com/management/dossiers/040640innov

ation/3m.shtml
(Page consultée le 25/06/2011)

37. Marketinghrdpresentation, « Performance Management in 3M », In *Marketinghrdpresentation* :
http://marketinghrdpresentation.com/2010/05/21/performance-management-in-3m/
(Page consultée le 25/06/2011)

38. Leeozley, « The nature of change », In *Leeozley*, [en ligne] :
http://www.leeozley.com/change.htm
(Page consultée le 07/06/2011)

39. Barriel V., « Ces 1,4 % qui nous séparent du chimpanzé », In *Érudit* :
http://www.erudit.org/revue/ms/2004/v20/n10/009330ar.pdf
(Page consultée le 26/09/2013)

40. De Waal F. B. M., Johanowicz D. L. (1993), Modification of reconciliation behavior through social experience : An experience with two macaque species, Madison : University of Wisconsin-Madison, 897-908 p.

41. Zobrist J.-F. (2012), « J'ai fait une erreur », In *Teamentrepreneur* :
http://teamentrepreneur.typepad.com/tension_creatrice/jean-fran%C3%A7ois-zobrist/
(Page consultée le 03/10/2013)

42. Semler R. (2003), *7 days week end*, New York : Arrow book 5-10 p. ; 30-31 p. ; 51-54 p.

43. Thuillier M., Brunschwig H. (2013), « 3 ans : l'âge des "pourquoi" », In *Infobebe* :
http://www.infobebes.com/Enfant/Psycho-Education/Mon-enfant/Ses-petites-manies/3-ans-l-age-des-pourquoi
(Page consultée le 26/09/2013)

44. Vézina N., St-Vincent M., Dufour B. et alii (2003), « La pratique de la rotation des postes dans une usine d'assemblage automobile », In *IRRST* :
https://www.irsst.qc.ca/-publication-irsst-la-pratique-de-la-

rotation-des-postes-dans-une-usine-d-assemblage-automobile-une-etude-exploratoire-r-343.html
(Page consultée le 23/10/2013)

45. Semler R. (1993), *Maverick !*, London : Warner Bros Books.

46. Fardeau A., « Réussir sa période d'essai, S'intégrer dans sa nouvelle entreprise », In Journaldunet : http://www.journaldunet.com/management/emploi-cadres/conseil/reussir-sa-periode-d-essai/s-integrer-dans-sa-nouvelle-entreprise.shtml
(Page consultée le 30/06/2011)

47. Smith A. (1759), *Théorie des sentiments moraux*, Paris : Léviathan, Puf, 1999

48. Deci E. L. (1975), *Intrinsic motivation (Perspectives in Social Psychology, Vol. 1)*, New York : Plenum Publishing Co.

49. Oliver R. L., Anderson E. (1994), « An empirical test of the consequences of behaviour and outcome based sales control systems », In *Journal of marketing*, Vol 58 Issue 4, 53 p.

50. Bourdil M., « L'effet des primes d'objectifs sur la motivation et les comportements des commerciaux vis-à-vis de la clientèle : étude du cas d'un centre d'appels », In *Université Montpellier II* : http://iris.univ-lyon3.fr/bourdil.pdf
(Page consultée le 02/07/2011)

51. Maurin L. (2009), *Déchiffrer la société française*, Paris : La Découverte, 368 p.

Tables des matières

Retrouvez tous les titres et l'actualité des Éditions HJ :

Sur notre site Internet :

http://www.editionshelenejacob.com

Sur Facebook :

https://www.facebook.com/EditionsHJ

Sur Twitter :

https://twitter.com/EditionsHJ

www.ingramcontent.com/pod-product-compliance
Lightning Source LLC
La Vergne TN
LVHW010434230826
846092LV00009BA/1154

* 9 7 8 2 3 7 0 1 1 5 1 3 3 *